Arturo Hernandez Sametier

Refugio

Notas desde un centro para niños migrantes detenidos

Diseño de Portada Esmeralda Piza

Los personajes en este libro son

compuestos ficticios.

No corresponden a niños o incidentes

específicos.

Luna Triste Press

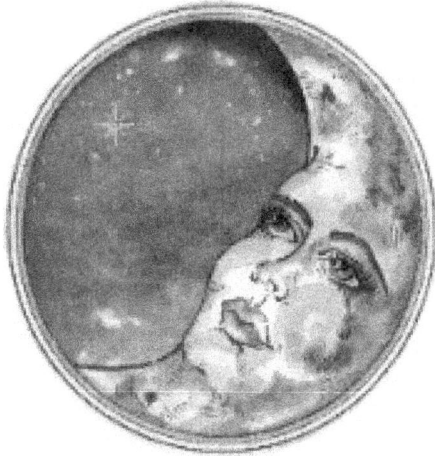

LunitaBooks.Com

For my daughters,

Anais and Ixchel

May you meet with kindness on

your journey

Refugio

Notas desde un centro para niños migrantes detenidos

Traducido del inglés con la asistencia de
Emily Ariana Bustacara Barbera

Uno

Para mí, el congresista fuera de nuestro albergue no tenía idea de lo que estaba preguntando. Sabíamos por qué lo habían bloqueado en la puerta. Adentro, cientos de niños esperaban, estudiaban, lloraban, llamaban a casa, iban a la escuela y al dentista, aprendían a pintar y jugar al ajedrez. Muchos habían sufrido traumas y huían de quienes les hacían daño. Lo que hicimos como albergue fue hecho con cuidado. Entrar tenía requisitos.

Escaneé mi identificación en la puerta de seguridad, doblé la esquina y me paré frente a una fila de niños sentados en sillas plegables de metal marrón. Estaban esperando a la enfermera.

"¿Están listos para las vacunas?"

La única niña me parecía estoica. La docena de muchachos no tanto.

"Dicen que vamos a recibir nueve", dijo un niño con ojos nerviosos.

"No duelen", respondí. "Excepto por este," y señalé un lado de mi cuello.

Los ojos de los varones se agrandaron. Nomás la niña soltó una risita. "No hay vacunas al cuello, tontos".

Habían hecho viajes con el valor de la juventud, pero a pesar de todo, todavía eran niños. Estalló una risa avergonzada.

El grupo había sido dejado la noche anterior. Todas las noches, las camionetas de ICE traían niños nuevos. Esperaba cada mañana bromear y hacer que la situación fuera menos intimidante.

"¿A qué hora llegaron?"

"No nos lo dijeron", respondió la niña. "Pero todos estaban dormidos. No sabíamos a dónde íbamos".

"¿Todos desayunaron?"

"Sí. Las tortillas tienen un sabor raro".

"No las hacemos a mano como tu mamá, pero la comida es buena. Les gustará."

El chico que parecía mayor, tal vez de dieciséis años, saltó a la conversación. "No quiero estar aquí. Solo voy con mi papá".

Se notaba que había estado llorando.

"Mijo, todos lloran cuando llegan aquí y todos lloran cuando se van. Te divertirás. Los padres son los que menos trabajo hacen por nosotros, pero hay mucho por hacer".

"Mi amigo me dijo que un conocido iba con su mamá y salió en un día".

"Exageración", dijo la niña. "Estás en un país ajeno. No puede que sea así de fácil."

Le dije al grupo que después de la enfermera, conocerían a su administrador de casos y ella o él les dejaría llamar a casa. "Esta es la última parte de tu viaje. Paciencia."

La paciencia vendría alrededor del cuarto día. Hasta entonces, esa virtud específica quedaría relegada a un segundo plano ante la frustración, las lágrimas y la ansiosa vigilancia propia de sentirse atrapado.

Me detuve al otro lado del pasillo y entré en la sala de aislamiento médico. La administradora de su caso estaba junto a la cama de nuestro cliente enfermo, y coloqué mi silla junto a la de ella. Osby, un diminuto niño de doce años había llegado meses antes con su hermano Ezequias. El hermano ahora había sido liberado, dejando atrás a Osby.

Todos los miércoles, el supervisor de la Oficina de Reasentamiento de Refugiados pasaba y revisaba el estado de cada niño en el albergue. Cada administrador de casos presentaba el extenso papeleo recopilado hasta el momento, cliente por cliente. Cuando se trataba del hermano de Osby, el nuevo supervisor de la ORR había dicho que no era posible retener a un niño autorizado para salir, incluso si eso significaba dejar atrás a un hermano.

"¿No dijo el hospital que Osby podía viajar después de las pruebas médicas?"

La administradora estaba perdiendo su calma con este caso.

"Sí, eso dijeron. Pero Ellen, la nueva dama de ORR, no lo dejará ir. Sus padres dudaron cuando el hospital pidió poner un tubo en el corazón de Osby. Ella dijo que eso significa que no están a salvo. Ella quiere que un trabajador social los revise".

"Híjole, recibes una llamada aterradora pidiéndote que le hagas cosas raras a tu hijo. ¿Quién no hace preguntas?

"Bueno, ella también dijo que los padres tienen cuatro hijos en una casa y eso es suficiente. Tiene que vivir con su hermano casado"

Solo nos dimos una mirada.

"Éramos nueve en mi casa", ella agregó.

"Ojalá volviera el previo señor de ORR," le respondí. "Me caía bien. Era de Nueva York. No tan delicado."

Osby era pequeño, pero un excelente jugador de fútbol, listo en la escuela y de temperamento estoico. Desde que terminó el tercer grado, había manejado toda la agricultura en la parcela de sus abuelos en

Guatemala. Él y Ezequias pasaron tres semanas de camino a la frontera de los EE. UU. y Osby comenzó a sufrir mareos en los autobuses. Desde que llegó a este albergue, dos veces lo tuvimos que hospitalizar. La primera estancia involucró inyecciones, tubos y una variedad de pruebas invasivas. La segunda resolvió el problema con el corazón. Sin embargo, nadie había visto a Osby llorar o quejarse, ni siquiera cuando las enfermeras le metían tubos por la garganta. Cada vez que le preguntábamos cómo se sentía, su única respuesta era "Bien".

"Osby." Dije. "Vas a vivir en una granja cerca de tus padres. Puedes parar a desayunar de camino a la escuela. En Montana hace frío en este momento, así que tal vez sea bueno que todavía estés aquí".

"¿Cuándo puedo volver a mi clase? El viernes mostramos nuestros proyectos".

Osby me hizo saber que su padre era el supervisor de caballos y ganado y que el hermano casado conducía y arreglaba máquinas en la granja. No había visto a sus padres en diez años, pero hablaron por teléfono. Uno tras otro, cada uno de los hermanos se había dirigido a Montana. Osby ya el último, pero todo "Bien".

El reggaetón sonaba a todo volumen desde el patio, y los tres podíamos ver el partido de fútbol femenino a través de una ventana. Era de un solo sentido, y permitía que el niño enfermo disfrutara los juegos sin que lo vieran. Los partidos eran de nomas ocho minutos para que todos los jóvenes recibieran su tiempo de fútbol. Alrededor del pequeño campo, otros niños estaban boxeando, saltando la cuerda, levantando pesas y aprendiendo bailes. Los líderes de recreación inventaban todo tipo de actividades para mantener trescientos jóvenes ocupados y ejercitados.

Por la ventana vimos una muchacha a la pasada tocar de puños a un joven.

"¿Viste eso?" preguntó la guadiana del caso.

"Le pasó una nota a Clinton. A ella le gusta ese muchacho", nos dijo Osby desde su cama.

"Los toquecitos de puño pronto desaparecerán", dije. "Estoy seguro de que los trabajadores juveniles están al tanto de las notas".

Algunos albergues no permitían que los clientes masculinos y femeninos interactuaran u ocuparan el mismo espacio. Esos albergues a menudo tenían reprimendas si un niño miraba demasiado a las niñas que pasaban en camino al almuerzo o al recreo. Nuestro albergue permitía la interacción. Los jóvenes estudiaban juntos en los salones. Y en ciertas actividades como el arte y la música, podían hablar libremente. Sin embargo y estrictamente, no se permitía ningún tipo de contacto, excepto toques de puño. Se prohibía intercambio de cartas, apretones de manos o abrazos, o la entrega de regalos y artículos personales. Los viernes por la noche teníamos bailes, y una fila de niños bailaba con una fila de niñas frente a ellos. Pero de nuevo, sin tocar.

En esta situación fluida, emocional y estresante, adolescentes enamorados y reclamando novios o novias podían provocar drama, peleas físicas y luchas internas. Se les brindaba a los jóvenes la mayor normalidad posible, pero esta no era una situación normal. La atmósfera social se habría vuelto volátil e insegura sin el cumplimiento estricto de las reglas y los límites.

Y en esta situación legal ya precaria en que se encontraban, cualquier violencia o mal comportamiento les haría perder la oportunidad de unirse a la familia.

Aún así, se enamoraban y hacían pactos secretos para encontrarse. Una de las administradoras de casos dijo que así es exactamente como se conocieron sus padres.

Dejando a Osby, me dirigí a una oficina del quinto piso. El ascensor llevaba meses sin funcionar, por lo que el comité de bienestar había colocado carteles por toda la escalera elogiando nuestra entrega a la salud personal.

En mi oficina de consejería, un chico adolescente y una chica alta estaban parados frente a mi computadora. Los niños guatemaltecos nunca se sentaban sin permiso, y nunca mientras el adulto todavía estaba de pie.

"Un administrador de casos los acaba de dejar allí parados", dijo mi compañero de oficina. "Ya terminó su parte y la enfermera dijo que te permite nomas treinta minutos. Se tienen que vacunar".

Si los niños llegaban de noche, se les proporcionaba ropa de dormir y se los llevaban a una cama de primera noche, y no debíamos despertarlos durante ocho horas. Agotados por el camino y sus noches previas en una cárcel de inmigrantes, solían dormir el sueño profundo y pesado de todos los niños. Pero una vez despiertos, teníamos veinticuatro horas para vacunar, proporcionar ropa, obtener antecedentes completos, llamar a casa de sus padres y llamar a su pariente patrocinador en los EE.

UU. Si surgía alguna inquietud durante este proceso (traumatismo o problemas médicos revelados), teníamos cuatro horas para abordar, resolver y comunicar en escrito los datos a el gobierno. Teníamos mucho que hacer además de recibir a los recién llegados, y esas otras tareas también estaban cronometradas. Los administradores, consejeros y médicos teníamos que cumplir con todo antes de ir a casa. Había días en que un niño aparecía con emergencia médica, y por ley nos tocaba a los consejeros cuidar a ese niño asustado, sentados a su lado en una habitación de hospital hasta la mañana siguiente.

"Los niños . . . hablan . . . nomas Kiche." Mi colega mormón había aprendido español en una misión en Ecuador. Sus clientes se encariñaban de sus oraciones tan lentas.

"Entiendo todo", dijo el muchacho con acento de su región.

Les pedí que tomaran un asiento.

"Efrén, tu español es bueno. ¿Lo aprendiste en la escuela?

"Poco, pero aprendí más en el camino."

Me dirigí hacia su hermana, su mirada atenta, sus ojos brillantes y enérgicos.

"Ella es sorda y no puede hablar. Ella no lee ni escribe".

¿Ella sabe lenguaje de señas?

"No. Por eso la hicieron venir conmigo. Trabaja y cuida animales, pero no hay escuela para ella".

La mirada de la adolescente sordomuda se fijaba en los rostros de el que hablaba, de modo buscando significado. "Mi padre sabe que ella nunca se casará y que alguien se aprovechará de ella".

En la pantalla de mi computadora estaban las preguntas de fondo de la Oficina de Reasentamiento de Refugiados, la rama de Seguridad Nacional que vigilaba los albergues de migrantes.

"Hoy vamos a estar ocupados con ustedes. Necesito hacer preguntas para que el gobierno pueda iniciar su proceso. Yo soy tu consejero indicado. También me toca asistir a tu administrador de casos en el proceso de reunir con parientes en este país".

"¿Cuánto tiempo estaremos aquí?"

"Se supone que no debemos darles todavia una fecha. Su administrador de casos les pedirá que tengan paciencia porque no se puede prometer nada. Pero si tu tío y tus padres nos dan todos los documentos que necesitamos, y se toman las huellas dactilares sin demorar, y nada sale mal, normalmente tarda unos cuarenta días liberarlos.

"¿Qué puede ir mal?"

"Alguien en la casa de tu tío ya no tiene una identificación o por miedo no la quiere presentar. Tal vez tu tío ya patrocinó a otros niños y no hicieron lo que se suponía que debían hacer. O no se pueden encontrar todos los certificados de nacimiento. Cositas, pero cada una suma tiempo."

"Nada saldrá mal".

"Esa es mi esperanza. Pero no recordarán si tomó un mes o dos. Traten de hacer de esto un bonito recuerdo. ¿Estás listo? Tenemos que ir rápido.

"Sí".

"¿Cómo llegaste a los Estados Unidos?"

Efrén se volvió hacia su hermana y le hizo un gesto con los dedos como caminando.

"Su nombre es Dayeli", dijo Efrén. "Pero ella no lo sabe. A menos que le enseñes a escribir. Entonces ella lo sabrá de esa manera.

Respondió todas las preguntas sobre el viaje, su vida anterior, la escuela, la familia y el trabajo realizado en la finca. Tuve que separar a los hermanos para las cuestiones relacionadas con el trauma, el sexo o el abuso. Mi compañero de oficina cuidó a Efrén mientras yo llevé a Dayeli a una sala adyacente de entrevistas. Teníamos en la oficina fotocopias que se usaban para las presentaciones sobre el abuso infantil y le mostré a Dayeli una foto de un padre amenazando a un niño; luego, una segunda impresión con una mujer joven defendiéndose de un ataque sexual. Dayeli inmediatamente negó con la cabeza cuando le señalé las páginas. Eso era lo posible por ahora. Tendría que confiar en la versión histórica de su hermano y quedar atento a cualquier señal de trauma en los próximos días.

Llevé los hermanos con la enfermera para sus vacunas y luego crucé el campo de recreo para llegar a los salones de escuela.

Le dije al trabajador juvenil vigilando la puerta del salón D que yo venía a recoger a Candelaria. Le tocaba su cita de consejería semanal.

Los trabajadores juveniles eran los héroes anónimos del albergue. Todo el día se la pasaban vigilando, motivando, y dirigiendo en cada actividad a los chicos. Eran responsables por el comportamiento de cientos de menores en las horas de comer, recreo, escuela y hasta en dormir. Por la noche, los trabajadores juveniles se quedaban despiertos y revisaban a cada niño cada quince minutos. Mientras los maestros daban clase, los trabajadores quedaban atentos a que los estudiantes no se tocaran, pasaran notas, se lastimaran o molestaran a sus compañeros de clase. Y había estudiantes que estaban asignados con "observación constante", y los trabajadores juveniles les tocaba tomar nota cada quince minutos, documentando los cambios de ánimo o el comportamiento de el joven observado; y con chicos de riesgo, un trabajador juvenil tenía que pegarse a ese niño todo el día y en cada momento. El trabajo era agotador en lo mental y lo físico, y a menudo, tedioso y estresante. Sin embargo, estos trabajadores se entregaban al cuidado de los niños y pocos renunciaban.

Los vigilantes en la oficina de seguridad estaban escaneando las clases, así que saludé a la cámara antes de salir con Candelaria. Las cámaras estaban colocadas en todo el albergue, por la seguridad de los niños y la nuestra.

Cada empleo me ha enseñado algo que nunca había considerado. En el albergue aprendí que es difícil comprobar que dos personas son parientes: para un hermano o una hermana se requiere actas de nacimiento con el apellido paterno exacto en ambos. Hasta allí fácil. Pero para un tío se requiere el certificado de nacimiento del tío y del padre relacionado; un primo hermano requiere las actas de los abuelos y un primo segundo, las actas de los bisabuelos. De mi parte, buscar el certificado de nacimiento de mi papá requeriría un viaje a su pequeño pueblo en México. Los documentos de mis abuelos, personas agrarias, seguro ya no existen.

La gran mayoría de los niños que venían a los albergues no eran de las ciudades. Eran de las tierras altas, las regiones indígenas de Guatemala. La mayoría vivían en habitaciones hechas a mano y sin plomería ni electricidad. Hace veinte años, Guatemala comenzó a computarizar los registros de nacimiento, pero todo registro anterior existía solo en papel, en la aldea de nacimiento, en algún gabinete oficial. Las familias me decían que esos gabinetes se vaciaban cada diez años para archivar nuevos documentos. Los incendios, las tormentas y los terremotos tambien destruían los archivos. ¿Y qué tan importante era un certificado de nacimiento antiguo? ¿Especialmente si la persona ahora estaba enterrada?

En el albergue, teníamos que demostrar que un hermano, primo o tío que deseaba patrocinar era realmente un pariente. Se requería un esfuerzo heroico por parte de las familias cumplir con ese requisito. A menudo, los padres del migrante tendrían que viajar cientos de kilómetros a una capital con la esperanza de que el gobierno preservó un registro. Siempre costaba dinero. La mayoría de los padres vivían con cincuenta centavos al día, por lo que un fax de diez dólares o un viaje de cincuenta dólares significaba pedir prestado o vender lo poco que tenían. Con frecuencia, no aparecía nada, y el gasto era en vano.

Y a veces, aunque el documento se pudo obtener, los nombres en los certificados no coincidían. Un antepasado se registró con un apellido incompleto o diferente al de la familia, o no se había reconocido a un hijo. A veces los certificados ya no eran legibles. A lo diario se veían estos problemas y era desgarrador para los niños y las familias. Por ley se tenían que presentar estos documentos. Y si no, el niño no salía del albergue, con su única opción seguir detenido o pedir la deportación.

Candelaria fue enviada a Estados Unidos después de que un terremoto se tragó la mitad de su casa. Sus padres improvisaron una cabaña y la familia se puso a trabajar por el dólar diario habitual en las granjas vecinas. Por compasión, una prima hermana en Arkansas pagó el viaje de Candelaria. Pero la joven llevaba ya meses en el albergue mientras su familia localizaba todos los certificados de nacimiento.

Y de mala suerte, durante esta espera la administración del nuevo presidente declaró un cambio a las reglas de inmigración, con la idea de hacer sumamente difícil que los jóvenes migrantes fueran permitidos ir con sus patrocinadores. De aquí en adelante los menores esperando en los albergues tendrían que comprobar no una sino dos cosas: primero el parentesco con las actas de nacimiento, y segundo presentar fotografías y registros telefónicos demostrando una relación personal con el pariente patrocinador en Estados Unidos.

Hasta llegar al albergue, Candelaria vivió su vida en una chabola de barro, pasto y palos, la mitad de la cual estaba en el fondo de un barranco. Sin fotografías ni registros de la compañía telefónica, Candelaria quedó varada en el albergue. Usó los meses internada para perfeccionar una habilidad en la pintura. Reveló que tocaba el piano en una iglesia evangélica, así que compramos un pequeño eléctrico y lo pusimos en la oficina de consejería. Durante nuestras sesiones, buscábamos videos de piano en YouTube y aprendíamos nuevas canciones. Mi supervisor clínico era un consumado músico de banda, y él venía y le enseñaba a

Candelaria nuevos riffs latinos. La pintura, el dibujo y la música la mantuvieron sana mientras esperaba algún milagro: el descubrimiento de una fotografía con su patrocinador, una oferta de crianza temporal con una familia americana, o el regreso de los requisitos anteriores.

Así estábamos finalizando nuestra sesión de consejería semanal, y le pregunté qué noticias tenia de su familia. Estaba sentada en el piano eléctrico mirando las teclas.

"Mi Abuela murió."

"Lo siento mucho. ¿Cuándo?"

"El dia de ayer. Ella fue asesinada."

"Mija, ¿Qué dices? ¿La mataron?"

Lo había dicho con naturalidad, sin cambiar de expresión, con la mirada y los dedos quietos sobre las teclas. Le pedí que me siguiera para sentarnos en las sillas regulares de consejería.

"Mi madre me lo dijo hoy por teléfono".

"Candelaria, esto es horrible".

"Unas personas entraron a nuestra casa y le cortaron el cuello con un machete. También rompieron cosas".

Hice pausa, intentando asimilar esa violencia inesperada.

"Ay, eso es . . ." No podía pensar en que decir. "¿Tienen alguna idea de quién?"

"Creo que son las personas que dejan notas en nuestra pequeña milpa. Quieren que nos vayamos. La van a enterrar mañana."

Su tono se mantuvo plano, solo informativo; un afecto emocional adormecido por necesidad, supuse.

Me sentí sin que ofrecer. Todo lo que pensé decir fue "¿Quieres hablar un poco más con tu mamá?"

"¿La Puedo llamar?"

La directora del albergue había emitido una advertencia. Ella se daba cuenta que los consejeros y administradores estaban permitiendo llamadas telefónicas más allá de la llamada semanal asignada por el gobierno. Nuestro supervisor en la consejería había sido más directo: todas las solicitudes de llamadas adicionales debían ser urgentes, aprobadas y realizadas en español o con un traductor en la línea.

"Sí Candelaria, puedes hacer una llamada rápida. Y si tu hermano mayor está ahí, quiero hablar con él. Quiero ofrecer mi tristeza por lo que le pasó a tu abuela".

La primera llamada fue a un correo de voz falso. Una falla familiar en el sistema de telefonía celular de Guatemala. Los niños me decían que ese correo de voz no existía. Era solo un mensaje tonto creado por la compañía de telefonía.

"Son las lluvias," me dijo Candelaria. "A veces las llamadas no pueden cruzar las montañas".

El tercer intento nos dio los tonos largos indicando que sonaba la llamada.

Una voz respondió en mam, el idioma principal de Guatemala, y empecé a sentir el estómago nervioso. Mirando a la puerta, supe que a cualquier momento entraba mi supervisor. Y mi cliente con teléfono en mano, hablando en un idioma que no entendíamos. Mi supervisor se enojaría y tendría razón: Candelaria podría estar discutiendo cualquier cosa con su mamá, hasta sus planes de escape y yo sin idea de nada.

A los jóvenes del albergue se les permitía hablar en sus diversos idiomas durante la llamada semanal, a quien cada migrante tenía derecho. La llamada era programada y limitada a diez minutos. Daba a los niños apenas tiempo para preguntar sobre parientes y hermanos, sobre su patrocinador y recibir una charla de ánimo de mamá y papá. Los jóvenes extrañaban sus hogares y la sala de teléfonos era sala de lagrima y llanto.

Pero ofrecer llamadas adicionales usando los teléfonos de nuestras oficinas nos ponía en riesgo de regaño y despedida.

"Aquí está mi hermano", y Candelaria señaló con un dedo el altavoz.

"¿Ranold?"

"Sí, sí, Don Arturo".

"Siento mucho lo de tu abuela. Es terrible. ¿Cómo estás tú y tus padres?

"Sí, sí. Debemos salir de la casa e ir a casa de mi tío. Mala gente. Mañana la enterramos."

Dejé que Candelaria se despidiera y le pregunté si le costaría dormir esta noche.

"Sí, creo que voy a soñar".

El no comer y las pesadillas eran comportamientos que los trabajadores nos reportaban al final de cada turno. Esos reportes se revisaban para iniciar tratamientos.

Envié un correo electrónico a mis supervisores detallando el asesinato reportado por mi cliente. Un director respondió rápidamente que, aunque serio, no era necesario presentar un informe oficial. La niña no vio el asesinato, y no fue su padre o madre. Pero me dirigió informar al resto del personal en caso de desencadenantes, y pedir a los trabajadores que la mantuvieran en su lista de jóvenes bajo observación constante.

El director no preguntó cómo verifiqué la muerte, aunque creo que lo sabía.

Y mientras baje las escaleras regresando a Candelaria a su clase, decidí que la próxima vez que diera una llamada no permitida, por lo menos tendría un traductor en la línea. Era un riesgo tonto y me gustaba bastante este trabajo.

Dos

Cada consejero estaba en rotación para la guardia nocturna. A las once y media, mi teléfono celular se encendió y vibró mi almohada. Respondí la llamada. El supervisor del dormitorio varones me dijo que Lázaro estaba acurrucado en el armario y temblando.

Este muchacho tenía ya ocho meses en el albergue, fallado por dos patrocinadores, pero seguía buscando opciones.

"Llamen a Guatemala y dejen que Lázaro hable con su mamá. Si no lo calma, para allá les caigo.".

En poco tiempo, recibí una devolución de llamada. El encargado del turno nocturno dijo que cuando su mamá le respondió, Lázaro lloró y dijo a borbotones: "Un demonio me culpa porque no te he ayudado, porque todavía estoy aquí".

La mamá lo escuchó y cuando terminó de llorar, le dijo que pidiera otra llamada, pero esta vez por video. El encargado abrió

WhatsApp y marcó el número de Guatemala para empezar el chat de video.

Al ver a su madre a la cara, Lázaro se tranquilizó. Su mamá acercó el celular hacia un pequeño altar familiar. Lázaro la observó colocar ofrendas de comida que satisficieran el espíritu acusador. Ella dijo que el demonio ya placado, y le pidió a Lázaro que dejara de preocuparse. Que se portara bien.

Me quedé despierto durante una hora y luego me dejé caer a el sueño.

A la mañana siguiente, documenté la llamada de la tarde y me dispuse a ver cómo estaban Candelaria y Lázaro. Pero era viernes.

Todos los jóvenes en el albergue asistían a la celebración del viernes. Los maestros otorgaban premios a los estudiantes por buen progreso, conducta genial y los más solidarios. La gran mayoría tenían una escolaridad mínima, y estos pequeños honores servían de gran validación. Los jóvenes también hacían proyectos de exhibición y participaban en karaoke, rap, baile y sketches de clase. Eran días divertidos y especiales.

Lázaro estaba en la mesa directiva estudiantil y dando una charla de ánimo cuando llegué a buscarlo. En Guatemala, él había completado el octavo grado, una rareza entre los niños agricultores, y su tío le había enseñado a tocar varios instrumentos musicales. Las bandas escolares eran importantes en Guatemala, y las escuelas rurales hacían sacrificios para comprar instrumentos. Esto hizo que la experiencia de Lázaro fuera valiosa, y desde los catorce años había sido el profesor de música de la escuela primaria local.

Después de la ceremonia y en mi oficina, Lázaro se disculpó por la llamada de noche. No había querido despertarme.

Una vez conversando, me compartió la culpa que se le había intensificado durante meses de ser inútil para su madre. Sus hermanos pequeños necesitaban sus ingresos. Le ofrecí la idea: que la frustración y el miedo habían desencadenado un sueño o una alucinación, pero eso no tenía sentido para Lázaro. El demonio había sido real, y me explicó en detalle cómo y por qué ese espectro se aprovechó para asustarlo. Dejé lo psicólogo, y mejor expresé admiración por la capacidad de su madre para manejar las amenazas espirituales y brindar consuelo.

"¿Y que más sucede en tu casa?", le pregunté.

"Mi padre. Él me está buscando. Dijo que, si yo no envío dinero, va a lastimar a mi hermanita".

"Pensé que tu papá desapareció".

"Estaba con esta otra familia. Necesita dinero, creo. Ahí es cuando reaparece, no para ayudar a mi mamá".

"¿Lastimaría a tu hermana?"

"Intentó matarme dos veces. La primera vez estaba borracho, y la otra me persiguió con una pistola porque no podía encontrar bloques de cemento. Sus balas fallaron, así que golpeó a mi madre para desquitarse".

"¿La policía no hizo nada?"

"No tienen poder. Y él les paga. Tengo que sacar a mi madre y a mi hermana de allí".

"Tienes familia Lázaro, necesitan ayudar a tu mamá. En este momento, no puedes. "

Hizo pequeños asentimientos, pareciendo estar de acuerdo.

"¿Tienes miedo de volver?"

"Me matará si no vuelvo con dinero. Mi mamá dijo que servir en el ejército nacional lo cambió. Tuvo que seguir órdenes y disparar a ancianos y familias".

"¿Cuándo es tu próxima llamada a casa?"

"Hoy".

"Está bien, voy a consultar contigo después de la llamada. Tengo que reportar lo que me cuentas. Los abogados necesitan saber sobre tu padre. Este país no deporta niños para que los maten".

Envié un correo electrónico, y en cinco minutos mi supervisor y la administradora de casos entraron con un trabajador juvenil. El trabajador se encargó de entregar a Lázaro a su salón.

Les reporté los datos: la ocurrencia de la noche anterior, la videollamada a su madre, los intentos del padre de matar a Lázaro y la amenaza actual.

"Definitivamente tenemos que usar el proceso *Informe de Incidente Grave*", dijo mi supervisor. "¿Tiene Lázaro un patrocinador?"

"Tal vez uno nuevo", respondió la administradora de casos. "Su patrocinador sigue mintiendo sobre el envío de documentos. Tenemos esperando tres semanas".

"Tiene una hermana mayor en Oklahoma", le dije a mi supervisor.

"Deja eso a los administradores de casos. Ese no es tu trabajo", me respondió. "Hemos hablado de esto muchas veces, Arturo. Lo mismo de los abogados. No te metas – le toca al cliente pedir esa ayuda".

Los abogados venían todas las semanas y una vez al mes hablaban con cada menor en el albergue. Las citas eran breves. ¿Tienes patrocinador? Si el joven respondía en afirmativo, se ponía fin a la plática.

Si el joven informaba que no tenía patrocinador, dependía del abogado lo que sucediera después. Ellos representaban una organización sin fines de lucro que recibía fondos del gobierno y, dependiendo del entorno político, podían ser muy útiles.

La ley decía que si un joven no tenía patrocinador, no estaban obligados a compartir sus procedimientos legales con sus consejeros o administradores de casos. Técnicamente, ni siquiera se nos permitía preguntar a nuestros clientes de lo que platicaban con los abogados.

Pero siendo humanos, la mayoría de nosotros lo hacíamos.

Caminé hacia la sala de teléfonos con mi computadora portátil y escribí mi *Informe de Incidentes Graves* mientras esperaba que Lázaro tuviera su turno. Estos reportes se transmitían a todos en la cadena de mando, tanto en el albergue como en Seguridad Nacional.

Después de que Lázaro terminó su llamada, nos reunimos por unos minutos en una sala de enfermería vacía.

"Mi familia se está quedando con mi tía. Están apretados, pero tienen que hacerlo".

"Lázaro, me reuní con mis supervisores y envié un informe al gobierno sobre tu padre. Cuando te reúnas este mes con los abogados, tienes que decirles todo lo que me contaste de tu papá. Todos los detalles."

"Pero no los necesito. Tengo a mi tío de patrocinador".

"No sé qué le pasa a tu tío, pero sigue mintiendo. No nos ha enviado un solo documento".

"¿Y con mi hermana?"

"Tal vez, pero sabes que lleva tiempo. Tienes que decirles a los abogados que no tienes un patrocinador y que tu padre te matará. El tribunal de deportaciones no enviará a un niño a morir".

"¿Puedo hacer ambas cosas? Quiero ir con mi hermana y los abogados me van a mandar con gente desconocida".

"Sí, haz ambas cosas. Sé que no quieres vivir en un casa grupal o adoptado. Pero en este momento ocupas algo seguro".

"¿Entonces, ya no tengo un patrocinador?"

"La administradora de casos perdió mucho tiempo con tu tío. Ella hablará más contigo, pero necesitas involucrar a los abogados".

Tres

Con el día acabándose, decidí llevar a mis nuevos clientes directamente del comedor. No se nos permitía interrumpir las comidas, pero los recién llegados podían traer bandejas de cena a la oficina. En la cafetería, llamé en voz alta el nombre de Edison Tzep y un chico alto y serio se puso de pie. Subimos los cinco pisos para llegar a mi oficina, y nos sentamos frente a mi computador.

"¿Tienes quince años, Edison?"

"No, tengo dieciséis años".

"Pero naciste durante este año, y señalé la pantalla".

"Sí, creo que sí. Tengo dieciséis años".

Recordé que para los guatemaltecos después de su primer cumpleaños, eran considerados en el segundo año de vida. Algo lógico pero diferente a los Estados Unidos.

"En este país contamos de manera diferente. Se dice que tienes un año durante el segundo año".

El muchacho no me respondió.

"Vas a volver a tus quince años. Un año extra gratis".

Eso me consiguió una sonrisa perpleja.

Le pregunté sobre la vida diaria, y él respondió que su granja familiar producía suficiente maíz para comer durante ocho meses. Complementaban sus ingresos cosechando cardamomo y café.

"¿Cuánto ganas?"

"Dos dólares por el día, cuando hay trabajo".

"Escuché que el cardamomo es peligroso debido a las serpientes".

"Mi primo murió de una mordedura. Se esconden en la hierba".

Le pregunté cómo resolvían con tan poco ingreso, y me dijo que su mamá hacía una tortilla de maíz espesa por la noche. Si no parecía suficiente para sus hermanitos, entonces él comía menos o no comería ese día. Lo mismo para su perro.

Terminé con Edison y rápidamente recuperé mi siguiente cliente nuevo. Yovani tenía diecisiete años y vivía en la ladera de una montaña frente a uno de los grandes y activos volcanes de Guatemala. Ganaba dinero extra guiando a los turistas a subir y bajar del Atitlán, y había comprado una cámara usada con ese dinero.

Conversamos un poco sobre el tema de fotografía profesional en los Estados Unidos. Luego busqué en Google la escuela secundaria a la que le tocaría asistir, y vimos un YouTube producido por el club de cine estudiantil. Descubrimos que su tía patrocinadora vivía en un estado donde los estudiantes indocumentados pagaban la matrícula universitaria normal, no la costosa de extranjeros. Yovani me dijo que le encantaría ser fotógrafo de bodas, y le mostré un sitio que enumeraba las tarifas típicas cobradas por los fotógrafos estadounidenses. Calculamos el cambio de dólares a quetzales guatemaltecos: con una boda la ganancia salía equivalente a quince años como agricultor en su región de origen.

En la Guatemala rural, la fotografía era un gran lujo, y él había sido criticado por gastar en ese interés. Es por lo que quería estar en los Estados Unidos. Si se quedaba en la aldea, su vida nunca saldría más de un granjero pobre llevando a turistas arriba y abajo de un volcán.

Yovani me preguntó si sería una persona legal cuando saliera del albergue.

Esta era una pregunta común, y le expliqué que estaría en el proceso de asilo, y durante ese tiempo, se suponía que debía estar en la escuela y sin derecho a trabajar. Y si Yovani no se encontraba en la escuela, la culpable seria su tía, la patrocinadora.

Esa era la respuesta oficial que se tenía que ofrecer. Pero estos niños no se enfrentaron a todo tipo de dificultad y peligro para luego sentarse en sus manos mientras los padres y hermanos se morían de hambre.

Muchos consejeros, como yo, reconocían que había una realidad práctica. Por ley tenían que ir a la escuela, pero tambien necesitaban trabajar. Le hice saber a Yovani que estaría trabajando ilegalmente, y no podía ofrecer ningún consejo al respecto. Pero estaba feliz de hablar sobre empleos, oficios, educación y como evitar las dificultades. Usaríamos las citas de consejería para planificar su carrera de fotógrafo en Estados Unidos.

Le hice a Yovani una pregunta que me había estado molestando. Volví a Google Earth y me enfoqué sobre las granjas de su región.

"¿Dónde están los animales? Nunca se ven en las fotos. ¿Cómo se arada sin bestias?"

"Señor Arturo, ¿cómo se va a subir un buey a la montaña? Y comen demasiado".

Obvio. Estas eran granjas en terrazas, granjas inclinadas y, en su mayoría, pequeñas parcelas familiares divididas entre terrenos ajenos.

"¿Entonces, no se usan animales o máquinas?"

"Nadie puede pagarlos. Y no ayudarían mucho".

"Ustedes cultivan como tus antepasados Maya, todo a mano".

"Eso es lo que nos dicen en la escuela".

Rosalinda había llegado el día anterior. Su administrador de casos me dijo que no se podía interrumpir su servicio religioso y tenía que esperar. La nueva cliente era la más alta de tres niñas paradas frente a una mujer mayor. Las cuatro mujeres seguían con oraciones en una esquina del comedor, compartiendo ese espacio con cocineros, trabajadores juveniles y niños ocupados en proyectos y juegos de mesa.

La señora había sido enviada por la Iglesia Católica para distribuir la comunión. Las tres chicas llevaban velos y rosarios prestados de nuestra sala de ropa. Con su velo blanco bordado, y el perfil oscuro mi cliente me dio sensación inmediata de Guadalupe, la Virgen mexicana.

Una vez en nuestra sesión de inicio, le dije a Rosalinda que no había querido interrumpir el servicio de comunión, pero ahora estábamos a pocos minutos de las veinticuatro horas mandadas para completar los reportes del gobierno. Tendríamos que mover rápidamente.

Rosalinda mostró la cortesía común a sus paisanos migrantes, pero a diferencia de ellos, me miraba directamente a los ojos cuando hablaba, con una voz y postura firme. Ingresé la información sobre su viaje, como lo pagó, su historial escolar y laboral. Ella era de un *municipio*, un pueblo rural que funcionaba como capital de un distrito. Cultivaba maíz en su terreno familiar y cocinaba en un pequeño restaurante. Hasta hace poco, tambien asistía un curso en la escuela, y le pregunté por qué se fue.

"Soy una mujer lesbiana, por eso estoy aquí. Los pandilleros de la escuela me dijeron que no volviera más. En coche me seguían y me amenazaban. Luego comenzaron a llamar a mi mamá en su teléfono celular".

"¿Cuáles fueron las amenazas?"

"Iban a quemar nuestra casa".

"¿Pensaste que las amenazas eran reales?"

"Lo intentaron. Dispararon contra la casa y arrojaron una botella encendida. Tuvimos suerte de que no hubiera nadie en casa y nuestros vecinos apagaron el fuego".

"¿Y todo esto es porque eres lesbiana?"

"Sí, eso es lo que dicen. Tal vez también quieran apoderarse de nuestra casa y terreno. No lo sé, pero nunca volví a casa después de que dispararon a la puerta. Fui a la casa de mi tía y de allí para estados unidos".

"Estarás a salvo aquí en el albergue. Y en este país, puedes ser quien quieras. Esa es una de las mejores cosas de estados unidos".

"Lo sé. Por eso estoy aquí".

Eberr Tut fue mi última entrevista de inicio. Huyó de Guatemala después de varias golpizas en el camino de montaña entre su escuela y su granja. Lo seguían ladrones y pandilleros de El Salvador que se habían mudado a Guatemala y se aprovechaban de las aldeas. Esta pandilla en particular se escondía en el bosque que bordeaba el único camino hacia la ciudad. Eberr me dijo que algunas de las aldeas en Guatemala estaban contraatacando, pero la suya no estaba haciendo nada.

Aparte de las golpizas cuando lo encontraban en el sendero del bosque, los pandilleros le quitaban cualquier cosa valiosa.

Ya no podía ir ni a comprar para su familia. Sus padres lo enviaron a Estados Unidos porque era el único hijo, y el más propenso a ser asesinado.

"¿Y tú papá trabaja?"

"Lejos, porque no tenemos terreno propio. El solo regresa a casa el fin de semana. Duerme afuera con los otros trabajadores y no tiene teléfono".

"¿Y qué va a pasar con tus hermanas?"

"Ahora tienen que caminar alrededor de la montaña. Se tarda dos horas en llegar a la ciudad, pero es seguro. Cuando empiece a trabajar, enviaré dinero para que se queden en una casa cerca del río Chixoy, y mis hermanas puedan volver a la escuela".

Le pregunté su edad y él respondió: "Tal vez quince". No sabía su fecha de nacimiento. Luego le pregunté por sus hermanos y su respuesta fue la misma: *no lo sé*.

"Eberr, no puedes responder 'no sé' a estas preguntas. No en este país".

Los niños guatemaltecos solían ser de voz suave y taciturnos. Desde su séptimo año, pasaban sus días plantando y cosechando cultivos. Trabajaban duro y no poseían los hábitos habladores de sus compañeros estadounidenses. Rara vez interrogaban a un adulto, pero Eberr parecía cansado y molesto.

"La edad no importa, señor. Nunca hablamos de eso".

Conversando con mis otros clientes entendí que muchas familias pobres no celebraban ni reconocían los cumpleaños. Me di cuenta de que el tiempo en sí no importaba; no cuando trabajabas desde la infancia y nada cambiaba.

"Sé que en Guatemala la edad y los cumpleaños no son tan importantes. Se hacen adultos muy rápido en tu país. Pero en los Estados Unidos, todavía eres un niño. Ni siquiera tienes la edad suficiente para trabajar".

"Pero todos trabajan".

"Aquí no. Todo tiene que ver con la edad en este país, y la ley muy estricta. Es por eso que si dices que no sabes cuántos años tiene tu hermana, la gente se sorprenderá. Podrían pensar que algo anda mal contigo, o peor aún, que estás ocultando algo. La gente en los Estados Unidos lleva un registro de todo. Todo está en una computadora, y esperan que sepas tu cumpleaños y todo sobre tu familia.

Repasamos las edades de sus hermanas de nuevo. Esta vez, Lo que no sabía, trató de aproximarlo. *Sí, creo que ella es joven. Tal vez tenga veinticinco años.*

Cuatro

Todos trabajábamos sábado o domingo. Ningún empleado tenía un fin de semana libre. Se tenían que cuidar a los niños.

Para los jóvenes del albergue, los fines de semana eran para actividades especiales, excursiones y tambien los quehaceres.

Llegué a las ocho de la mañana, y los dormitorios estaban ocupados con cubos y escobas, trapeadores, esponjas, Pine-Sol y Cloro. Como en todas partes, se esperaba que nuestros menores limpiaran sus habitaciones. Cada habitación elegia un líder de quehaceres para asegurar que se completó la rutina: barrer y trapear la habitación y el pasillo; Cambiar las sábanas y cobijas de cama; fregar la bañera, el lavabo y el inodoro. La mayoría de los jóvenes disfrutaban poder hacer algo práctico. El ambiente se mantenía alegre.

A las nueve, busqué a Dayeli. Durante la semana yo había observado su comportamiento en clase, y noté que si las otras chicas levantaban la mano, ella también. Cada vez. Ella tenía a lo mejor poca idea del tema, pero mostraba el deseo adolescente común de sentirse incluida. Su maestra me envió un correo electrónico diciéndome que Dayeli estaba aprendiendo a escribir su nombre, y por ahora, debía copiar el trabajo de su compañera de escritorio.

Me pareció un comienzo lógico.

La sesión con Dayeli fue breve. Imprimí un conjunto de fotos para preguntarle si se sentía cómoda en la escuela y con sus compañeros; si le gustaba nuestra comida, y si se sentía segura en el albergue. En el Internet le busqué una vista aérea de su hogar en Guatemala, y tambien un video de su aldea. Sus ojos se iluminaron mientras señalaba la pantalla y a sí misma. Le di una página en blanco y un lápiz, y con un esfuerzo lento y concentrado imprimió su nombre. Se le notaba el orgullo a completar esa pequeña tarea.

Cuando señalé la escoba en nuestra oficina, ella asintió con la cabeza. Quería terminar la sesión y regresar a los quehaceres con sus amigas.

En los dormitorios del cuarto piso, encontré a Henry Ixcoy. Ya con un año en el albergue, Henry contaba entre los desafortunados residentes de largo plazo. Eran un grupito sufriente, y en cada reunión les gustaba dar discursos motivacionales sobre la paciencia, la fe y cómo usar el tiempo en el albergue para prepararse. Pero al fin tuvo suerte. Ahora le tocaba su dia de liberación.

Los niños migrantes llegaban de noche y salían de noche. Los vuelos siempre programados a la seis de la mañana. El tema de auxilio y permitir a niños migrantes reunir con parientes era polémico. Mejor que los jóvenes viajaran en las horas en que el público todavia dormido.

Para Henry el dia sería para las despedidas.

Fuera de un toque de puño, no se permitía el contacto físico en el albergue. Era prohibido entre los migrantes y tambien entre ellos y los adultos. Me hubiera gustado despedirme de Henry con un abrazo, pero las reglas del toque no se violaban.

La tía de Henry era persona importante en el congreso de lenguas mayas, y Henry podía hablar tanto mam como ixil. Había sido criado desde infancia solo por su mamá, pero su papá siempre envió dinero y llamaba desde Oregón. Dieciséis años había esperado para ver a su padre en persona.

Al principio cuando llegó,, parecía que su sueño se iba cumplir pronto. El administrador de casos dijo que todo estaría listo dentro de catorce días. Siempre reunir un hijo con sus padres requería mínima documentación. Se consideraba un derecho humano y cosa rápida.

A las dos semanas, el papa de Henry ya tenía pagado un vuelo a través de la agencia de viajes aprobada por el gobierno. Debido a que Henry tenía más de dieciséis años, su padre no tendría que gastar para un segundo boleto de un chaperón. El joven podía viajar solo. El padre estaba revisando los arreglos de salida por teléfono con un administrador de casos cuando dijo: "Me alegro de que hayan tenido un vuelo tarde porque tenemos la corte por la mañana".

El papá explicó que hubo una pelea entre él y la madrastra de Henry, y resultó en visita de la policía. El juez dijo que tendrían que asistir a sesiones de asesoramiento, o el cargo se convertiría de perturbar la paz a un cargo de violencia doméstica.

El administrador canceló todo y Henry tuvo que esperar. El proceso se prolongó durante meses, y mientras los tribunales resolvían, el estatus del padre con inmigración se suspendió. Y el albergue no podía entregar un niño a un patrocinador cuyo estatus migratorio estaba en revisa.

Sobre los catorce meses que duró esperando, Henry alternó entre llorar, la ira y la incredulidad. Con frecuencia, pedía ver a su consejero y administrador para escuchar las mismas noticias que había escuchado antes. Eventualmente, asimiló la situación y comenzó a verse como parte del albergue. Ayudaba a recién llegados acomodarse, pedía tareas adicionales en la escuela y se obsesionó con dominar el inglés. Henry se entregó a el liderazgo estudiantil y empezó a ganar torneos de ajedrez.

Celebró su decimosexto cumpleaños en la cafetería, y también alcanzó a bailar un vals en la *quinceañera* grupal improvisada para niñas católicas cuyos casos aún estaban a meses de resolverse. Al final, Henry aceptó la liberación no a su papá, pero con un tío en Oregón. Iba a estar a solo doscientas millas de su papá.

Mi sesión con Ilso, un niño de trece años también iba a ser relacionada con el tema de su despedida. Habíamos programado una llamada importante a sus padres, y mientras esperábamos a su administrador de casos, Ilso me preguntó si podía ver un YouTube. Me quería enseñar un video en su idioma Popti y hecho por unos chavos cómicos de Jakaltenango.

Ilso vivía en una jacal con techo de paja sin electricidad ni plomería, algo común en su región. Por eso me sorprendió la calidad del video. Dos chavos vestidos con drag, con pelucas y faldas tradicionales de las mujeres de Jakaltenango. En la escena uno lava ropa en el río mientras el otro muele maíz para tortillas. Un muchacho perdido los sorprende, y lo que sigue son payasadas no muy diferentes a las que mis hijas adolescentes ven en su Tik-Tok.

Después de ese video escuchamos a un cantante tambien en Popti, e Ilso, que era un niño flaco, chaparrito y de pura travesura, colocó su cabeza cerca de la pantalla y canto con su voz alta y ligera de niño.

"¿Cómo ves videos sin electricidad?"

"El gobierno nos dejó a todos un panel solar y una batería que pagamos con maíz".

"¿Qué tan grande es un panel?"

Ilso estiró los brazos a un metro.

"¿Y puedes ver YouTubes con eso?"

"Carga un teléfono celular, y ahora tenemos una bombilla. Mi papá la enciende para que yo pueda hacer mis tareas".

"¿Cómo lo hacías antes?"

"Velas, pero cuestan dinero y me dolían los ojos".

Igual que muchos niños en el albergue, Ilso se quedó atrapado por las nuevas regulaciones federales. Su primer y segundo patrocinador se retiraron cuando se les dijo que todos en el hogar, incluidos los compañeros de cuarto, tendrían que dejar huellas digitales con la policía. Sus dos patrocinadores dijeron que imposible pedir eso a sus cohabitantes.

Pero había surgido una nueva opción.

Cuando al fin el administrador de casos se unió a nosotros hicimos la llamada a su familia. Y con un traductor Popti en la línea, ella explico esta opción.

Pero antes, Ilso y sus padres hablaron sobre la familia y los amigos del pueblo. Ilso le preguntó a su hermana de seis años sobre sus tareas y gallinas. Ella siempre fue apegada a Ilso, y él la extrañaba más que todos. Luego Ilso preguntó: "Mamá, ¿debería quedarme aquí? ¿Qué pasa si quiero volver a mi casa?"

"Mijo, siempre puedes volver a casa. Lo sabes. Pero tambien sabes cómo vivimos. Depende de ti".

"Dicen que puedo vivir en una casa con una familia americana, y puedo tener mi propia habitación y trabajar cuando tenga quince años. Dijeron que puedo llamarte todos los días".

Ilso comenzó a llorar, y su madre con él. Pero la mamá se pudo calmar y le hizo una pregunta. ¿Queres ir a la escuela, tener un futuro y ayudar a tu hermana algún día?

La conversación se puso más sobria, el llanto se detuvo, e Ilso dio la vuelta a su silla para hacernos una pregunta, "¿Puedo tener un televisor en mi habitación?"

La administradora de casos, que había pasado tanto tiempo hablando con su familia que se sentía como una tía, dijo: "Sí, tendrás televisión e Internet. Y un teléfono para llamar a tu mamá. Pero solo si vas a la escuela y te comportas bien. Y si no, tus padres adoptivos de seguro te quitarán el teléfono y la televisión."

Ilso retrocedió a pensar, pero su expresión quedaba tranquila. Vi clarito que estaba decido.

Deje a Ilso en el campo de fútbol, y allí se me acercó un trabajador juvenil que estaba dirigiendo juegos de recreación. Se veía preocupado.

"Necesito decirte algo. Es de tu nuevo cliente, Yasly. Habla solo y dice cosas locas. Cuando la camioneta de inmigración lo trajo, nos dijo que él sabía volar. Ahorita está hablando consigo mismo en su clase. Todos los estudiantes lo están evitando".

Me asustó lo que me estaba contando. Estuve en mi dia libre cuando inmigración entregó a Yasly. Otro consejero tuvo que completar la entrevista de inicia, pero era mi deber leer el reporte. No lo hice.

"En dos horas volveré y me lo llevo a mi oficina. Si surge algo antes, por favor llame por el radio. Quedo atento".

Me habían llegado dos clientes nuevos por la noche, y era prioridad completar las entrevistas y someter los reportes. Ambos eran niños inteligentes y ambiciosos. Los patrocinadores vivían en regiones agrícolas de los estados unidos, pero las escuelas de esas áreas iban a tener muy pocos alumnos latinos. Si habían inmigrantes, pero estaban trabajando en los cultivos y no en la escuela.

Conversé con los dos muchachos sobre ese tema: rodeados por americanos sería fácil sentirse intimidados y tentador abandonar la escuela y encontrar trabajo en las cosechas. Ambos adolescentes notaron la ausencia de estudiantes hispanos en los videos que subían estudiantes de la secundaria.

Les dije a los dos que en Estados Unidos un diploma de escuela secundaria y un inglés fluido eran tan esperados como era una educación de tercer grado en Guatemala. Era el mínimo para integrarse. Me respondieron que en los videos la secundaria parecía una universidad, aunque los estudiantes vestidos demasiado informales. Todo era extraño, pero me aseguraron que les daba más emoción que miedo.

Ya era la una de la tarde. Tenía el pendiente que mis hijas salían de la escuela en dos horas y me tocaba allí estar.

En el comedor, el trabajador juvenil me señaló cuál de los jóvenes comiendo era Yasly.

Él estaba masticando lentamente, manteniendo una expresión en blanco mientras dos de sus compañeros daban sus charlas de despedida a los reunidos. La mirada de Yasly parecía afijada con algo en la distancia. Cuando terminaron las charlas de despida y vi que Yasly se levantó, me reuní con él en el bote de basura donde se vaciaban las bandejas. Me presenté como su consejero y le pedí que viniera conmigo.

En la oficina le hice preguntas básicas de introducción. El me contó que vino solo en un autobús, todo el camino desde Honduras. Su madre vivía en Texas. Ella se fue cuando él tenía seis años y él la extrañaba, y sus abuelos se estaban haciendo demasiado viejos para cuidarlo.

Excepto por su mirada errante, todo parecía estar bien. Le pregunté sobre la vida en la granja de sus abuelos, y me dijo que fue divertida. Había una arboleda y usando cuerdas largas de mecate se lanzaba como Tarzán de árbol a árbol. También había sobrevivido caerse sobre una gran cascada. Y aunque los jaguares eran raros y estaban en peligro de extinción, uno vivía en un árbol cerca de su casa. Pero no le dijo nada a sus abuelos. Ellos se iban a preocupar.

Le envié un correo electrónico a mi supervisor y a los supervisores de los dormitorios: había cierta preocupación por Yasly, y pedí que lo tuvieran bajo observación constante durante los próximos días.

A las nueve de la noche recibí una llamada del albergue. Yasly estaba alucinando activamente y amenazando con volar a través de una ventana. Les pedí que se comunicaran con el departamento de crisis psicológica de la ciudad, y esperaran a los especialistas que iban a enviar. Esto siempre era el primer paso. Mientras, yo llevé a mis hijas a la casa de su mamá y me di para el albergue.

El equipo de crisis psicológica ya estaba con Yasly cuando entré a el albergue. Estaban en su entrevista, y yo reconocí a uno de ellos. Un señor que en un tiempo fue un gran boxeador. En su acento particular a los que son de Boston, me preguntó: "¿Este chavo mira a todos de esa manera? ¿O será que Yasly tiene algo conmigo?"

El equipo de crisis llevó a Yasly al hospital de psiquiatría infantil más cercano. Uno de los trabajadores juveniles en el turno de la noche acompañó a Yasly y yo seguí a la ambulancia en mi coche. Esperé hasta las dos de la mañana, cuando al final nos aseguraron una cama y cuarto disponible. Yo me fui, y el trabajador juvenil se quedó en la cuarto con Yasly hasta la mañana. El albergue siempre mantenía un trabajador al lado de los niños cuando les tocaba un hospital. Nunca se dejaban solitos.

Cinco

A poco dormir, regresé a el albergue en la
mañana. Con la administradora de casos
hicimos una llamada a la mamá de Yasly. Nos
explicó que ella se vino a estados unidos para
pagar las cuentas médicas de Yasly. Había
sido un bebé prematuro y de niño se la pasó
mucho en hospitales. Con el desarrollo, sus
problemas de salud disminuyeron, pero se
reemplazaron con dificultades de
comportamiento, y Yasly tenía citas en la
ciudad con un psicólogo que recetaba
medicamentos. Su mamá enviaba dinero
para todo esto, pero ya los abuelos estaban
demasiado frágiles para seguir con el cuidado.

Visité a Yasly en el hospital y, como
antes, estaba inventando cuentos. Pero al
menos sabía dónde estaba y quién era. Los
directores del albergue mientras tanto
estaban en un proceso de conseguir ayuda de
un psiquiatra.

Esto era enredoso. Cualquier examen u hospitalización involucraría muchos formularios, correos electrónicos y reportes. Los directores del albergue y representantes del gobierno tenían que estar de acuerdo, y después lo más difícil: encontrar una clínica que aceptará un niño migrante y sin inglés.

De por sí, cualquier servicio psicológico para adolescentes siempre en espera, y eso en inglés y con la populación normal. Y nosotros ocupábamos una clínica que podía internar a Yasly directamente del hospital. El supervisor de los consejeros se paso el dia llamando a clínicas y suplicando hasta encontrar una que se prestara.

Al tercer dia el hospital nos entregó a Yasly, y con su administradora de casos lo llevamos directamente a ser internado. No me gustó el centro de tratamiento. El ambiente me parecía frío, de paredes blancas y estéril. La enfermera hablando con Yasly en inglés, haciendo preguntas y sonriendo, a pesar de que él muchacho no entendía nada. Pero no teníamos otra opción. El psiquiatra encargado nos enseñó una máquina chica de traducción. Yasly iba a colgar esta cajita blanca de su cuello y conectar audífonos. Con eso iba a participar en sesiones de terapia grupal y comunicarse con todos. Cada dos días Yasly tendría consulta con el psiquiatra.

A el cuarto día me dieron oportunidad de visitar y hablar con Yasly. Bueno, estuve en error. Los especialistas de la clínica sabían muy bien su trabajo. A Yasly le recetaron un medicamento de dosis baja que impedía la alucinación. El muchacho me pareció feliz y un poco más centrado. Tenía bastantes cuentos, pero adentro de lo creíble.

A la semana lo tuvimos de vuelta en el albergue. La medicación efectiva y todo bien por varios días. Todavía contaba cuentos fantásticos, y su maestra me informó que Yasly dijo a todos que no podía dormir porque si se le salía un pie de la cobija, una anciana bruja descendía y le besaba el dedo grande.

Quedé convencido que estos cuentitos eran muy diferentes de las alucinaciones. Los vi como una peculiaridad de su carácter y a lo mejor un resultado de su infancia difícil. Como el consejero encargado, yo di la recomendación que lo dejaran viajar para ver a su mamá; por avión, pero acompañado. Lo normal como todo joven liberado.

Para llevar a cabo la reunión con su mamá, el último paso sería buscar un centro psiquiátrico cerca la casa de ella. Encontramos nomas una clínica que no estaba en lista de espera. Era la única opción. Hicimos cita por teléfono con los encargados de la clínica. Ellos iban a determinar si les convenia recibir a Yasly. Estábamos algo nerviosos. Éramos diez del albergue alrededor de un teléfono con altavoz. Estaban los directores del albergue, un psicólogo del gobierno, la administradora de caso, y agentes de la oficina federal de refugiados. La administradora y yo en adelanto ensayamos lo que íbamos a decir y toda respuesta posible. Nos preparamos.

Funcionó el esfuerzo. Yasly sería atendido por la clínica, y ahora podríamos ponerlo en un avión a Texas.

Pero no. El agente encargado en la oficina de refugiados dijo que antes de viajar Yasly ocupaba la autorización en escrito de un psiquiatra.

Y eso era bien problemático. Había solo dos psiquiatras en toda la ciudad que aceptaban consultas con los niños migrantes detenidos. Otra vez después de muchas súplicas, uno de los dos consintió dar la evaluación. La psiquiatra solo hablaba inglés y con nosotros contaba para traducir.

El trabajador juvenil que vino con Yasly y conmigo era un caballero mayor llamado Patricio. Con su pelo blanco y manera formal, Don Patricio tenía una sorprendente similitud al guapo actor Jonathan Goldsmith, famoso como "el hombre más interesante del mundo" en los comerciales de Dos Equis.

A Patricio le caía bien Yasly, y tuvimos un viaje agradable a la oficina. En el camino, Patricio le dijo: "Si quieres bordar un avión, no puedes contar tus cuentos. Pensarán que estás loco. Por favor, nada de fantasmas, Tarzán, o brujas que te besan los dedos. Entiende, Yasly".

Yasly asintió en silencio. Cuando salimos del auto, también le dije al muchacho: "Patricio tiene razón. Tu mamá te está esperando. Este médico no te conoce. Piensa en lo que dices".

La psiquiatra tenía experiencia, y había tratado bastante con nuestros clientes migrantes. Ella siempre mostraba con calma y sentido común. Patricio tal como yo tradujimos sus preguntas y las respuestas de Yasly. La doctora felicitó a Yasly por haber hecho su viaje solo desde Honduras y lo hizo sentir cómodo. Todo iba bien hasta que ella preguntó: "¿Yasly, en alguna vez te han pasado cosas extraordinarias?"

Yo estaba sentado al lado de Yasly, y Patricio estaba en el sofá a mi izquierda. Vi que los ojos de Yasly se iluminaron. Supe sin una duda lo que iba a seguir esa gran sonrisa.

Patricio dejó caer su botella de agua, pidió disculpa y se estiró para recuperarla. Le disparó a Yasly una mirada rápida pero fuerte, acentuada por el arco de sus cejas blancas y tupidas.

El psiquiatra volvió a preguntar: "¿Alguna vez te ha pasado algo fuera de lo normal o extraordinario?"

Yasly puso su mirada al suelo, para no ver a la psiquiatra, y sacudió dos dedos que no. Y para confirmar, dio movimientos chicos de lado a lado con su cabecita. Patricio y yo sabíamos muy bien las ganas que tenía el muchacho de echar su cuento, y lo que le estaba costando no hacerlo.

Seis

Se terminaba la hora de almuerzo, y estaba esperando mi próxima sesión. Mi cliente Anup era uno de los tres jóvenes de la India en el albergue. En nuestra primera sesión nos entendimos usando un servicio de traducción con alguien de su país. Después le seguimos con el programa de Google, que nos traducía lo que íbamos escribiendo.

Aproximadamente el ochenta por ciento de los menores en el albergue nos llegaban de Guatemala. Otro quince por ciento eran de Honduras y El Salvador. El cinco por ciento restante venían de terrenos de mucha violencia en México y la India.

Normalmente, a las personas de México no se les daba pase en la frontera. La excepción se hacía si venían de provincias específicas con violencia de los cárteles. Tenían que presentar pruebas de amenaza. Cuando se les permitía el paso a los Estados Unidos, era por historias trágicas. Los jóvenes se presentaban con traumas de parientes asesinados, casas quemadas y sus terrenos confiscados.

Los niños de la India también venían con características en común. Nunca hablaban inglés y siempre huían de regiones rurales y de violencia política. Nunca nos decían toda la verdad sobre su viaje. Pero un viaje desde la India era bastante caro. La razón y el miedo tuvieron que ser formidable.

Anup nos contó que huyó de su pueblo después de unirse a un partido político. Y que un hombre importante pagó su boleto de avión después de ver cómo fue golpeado por delincuentes políticos. Según Anup, el avión aterrizó en Ecuador, y de allí en adelante el siguió camino a los Estados Unidos. Me dijo que se vino de pie y pidiendo ayudas de comida y hospedaje.

Difícil de creer ese cuento. Panamá esta entre aquí y Ecuador, y él nunca habló de cruzar una selva. Y sin conocer ni una palabra de español o ingles al llegar a nuestro albergue. Es muy probable que aterrizó en México y fue conducido a la frontera de los Estados Unidos, donde se entregó y pidió asilo. Pero no tenía sentido para nosotros discutir sobre su viaje. Anup caminó desde Ecuador y eso fue todo.

El otro constante de los jóvenes de la India es que siempre llegaban con el nombre de un tío que los iba a patrocinar. Y cada vez resultaba que el tío era muy buen amigo de la familia, pero no un tío. En la India, un amigo cercano de la familia se consideraba como pariente. Lo mismo pasa en muchos países. Pero para la inmigración estadounidense un tío tenía que ser hermano del papá o la mamá. Nada menos.

Esto fue difícil de entender para Anup. Después de muchas discusiones, finalmente lo senté con su administradora y le dije: "Vas a estar aquí hasta los dieciocho años. Faltan ocho meses".

"Pero, pero, mi tío".

"No hay tío, Anup. Esto ya está resuelto. A menos que tengas un pariente consanguíneo, y hasta ahorita no lo tienes. Por eso, a los diez y ocho". La administradora de casos le envió el mismo mensaje.

Anup lloró, y lloró un poco más.

Y luego se detuvo, levantó la cabeza, levantó su cuerpo de 1.8 metros, dio un golpe a el escritorio y dijo: "¡Me adapto!"

Con eso cambió todo. Le explicamos lo que iba suceder el día que cumpliera dieciocho años. Sería un adulto, así que no tendría necesidad de un patrocinador. Como tenía un caso pendiente con inmigración, sería liberado a la estación de autobuses más cercana. Los abogados harían arreglos para que el amigo-tío enviara un boleto de autobús. Anup tendría que acercarse solo a la ventanilla de boletos para recuperarlo y de allí seguirle. No podíamos ir con él, pero hasta ahora nadie se había perdido.

También le dijimos que le pidiera a el tío que enviara una tarjeta con cuarenta dólares. Sin eso, sería un viaje muy hambriento.

Durante los meses de espera, Anup no sólo aprendió inglés básico, sino que también español con fluidez. Y hasta podía contar hasta cien en Qanhobal, el idioma de sus compañeros de habitación. Durante las sesiones de consejería, descargábamos canciones pop de India mientras hacíamos investigación de oportunidades para estudio y trabajo. Pasamos meses discutiendo cosas de interés a cualquier adolescente: recreación, citas con muchachas en los Estados Unidos, escuelas, negocios, música y como sacar la licencia de manejar.

Isidro le dio un toque de puño cuando dejé a Anup en su salón de escuela. Isidro era un joven amable, guapo y elocuente. Del tipo que a uno le gustaría para tu hija. Rápido tomó liderazgo entre los jóvenes del albergue, y se propuso dar la bienvenida a los migrantes hindúes de la India. Isidro y Anup se habían convertido en buenos amigos, comunicándose a través de señales manuales, fragmentos de inglés y, últimamente, en puro español.

"Deberías habernos visto en el baile", dijo Isidro. "El DJ puso una de sus canciones de la India. La mayoría de los chicos son tímidos. Los de Honduras y El Salvador siempre bailan, pero los guatemaltecos nomas se quedan mirando. "

"Todas las chicas bailan", le dije. "Veo la gran línea".

"Por supuesto", dijo Isidro. "Pero cuando el DJ puso una canción que pidió Anup de su país, nadie sabía qué hacer. Anup estaba solo en medio de la cafetería y comenzó a agitar los brazos y las caderas. Corrí a su lado e hice lo mismo".

Isidro se levantó de su silla y con una gran sonrisa mostró sus nuevas maniobras de baile, moviendo brazos y cadera al estilo de la India.

"Cuando me vieron, mis amigos se pusieron valientes y comenzaron a bailar con nosotros también".

Una vez más, hizo sus mejores movimientos pop indios. Me imaginé el final de una película de Bollywood.

Siete

Los albergues no son cárceles. Estaba mirando desde mi oficina cuando un adolescente hondureño pateó la pelota de fútbol sobre los salones a un lado de la cancha. Mientras todos se enfocaban en el balón, el chavo salió corriendo y dio un brinco sobre la pared que daba para la calle.

Fuerte y alto, él había trabajado en los campos de lechuga en Salinas, California. Pero se arriesgó un viaje a Honduras cuando su madre fue hospitalizada. Intentó regresar después de que su mamá se recuperó para pagar las facturas médicas. El muchacho dio el salto a los trenes como muchos migrantes, hasta llegar a Tijuana. De allí caminó dos días para llegar a San Luis Colorado. Contra la muralla fronteriza apoyó una escalera y pegó el brinco para alcanzar el techo de una tienda de ropa. Por la fuerza de su caída, el techo cedió y el muchacho termino en el piso de un probador. Los agentes americanos de inmigración vieron cuando salto sobre el cerco y si no fuera por la vendedora que lo escondió, lo habrían arrinconado en la tienda.

Se sintió afortunado y bendecido. Brayan encontró trabajo ese mismo día escalando palmeras para sacudir los dátiles de las ramas. Un compañero de trabajo le alquiló un poco de espacio para colocar colchón, y Brayan comenzó a ahorrar. El bien sabía que era más seguro pagarle a un coyote que lo contrabandeara de Yuma, Arizona hacia el centro de California, ya que habría puntos de control de ICE. Pero pronto tuvo suficiente para un boleto de autobús e ignoró su mejor juicio. Abordó un autobús en Yuma y se dirigió a Salinas y los campos de lechuga y fresas.

Los agentes de la Patrulla Fronteriza abordaron su autobús al cruzar la línea de Arizona a California. Y a los tres días lo depositaron en nuestro albergue.

El día que escaló nuestra pared, otros dos muchachos lo siguieron. Uno saltó y el otro se detuvo. El que se quedó atrás dijo que supo de inmediato que fue un error. Ahora la pagaría con tener un cambio a el albergue seguro, en que no había posibilidad de escape. Pero no estaba molesto. Mejor el castigo que andar perdido y perseguido. Los dos que se escaparon tenían a donde ir. Él ni idea.

Ese fue nuestro único escape en todo el año. Después de ese incidente, el muro fue fortificado con redes y los trabajadores juveniles estacionados en puntos vulnerables. No se nos permitía tocar a los jóvenes, y menos en forma agresiva, incluso si estaban en su escape. Hasta en nuestra defensa propia, teníamos que usar la respuesta menos violenta. Todo recibíamos entrenamientos en medidas defensivas que no requerían golpear a los jóvenes. Si un niño estaba huyendo, sin un peligro claro para su seguridad, todo lo que podíamos hacer era ponérsela difícil.

Isidro me dijo que durante el último simulacro de incendio, cuando los menores fueron llevados al estacionamiento y rodeados por los adultos, su corazón estaba acelerado. Sabía que no podíamos contenerlo físicamente, y que fácil podía pasarnos y saltar sobre la muralla baja del estacionamiento.

Entonces, ¿por qué se detuvo? ¿Por qué había tan pocos intentos?

La razón menor era que todos estábamos entrenados para notar interés de escape: niños que mucho miraban a la pared o hacían preguntas sobre la vecindad al otro lado. Niños que parecían estar fingiendo enfermedad para agendar visitas a el hospital. Cualquier menor que haya mencionado algo relacionado con la fuga se ponía en sospecha. Estos eventos se reportaban y el joven se categorizaba como un riesgo de escape.

Tambien se incluían niños que perdían su patrocinador y más si se acercaban a los dieciocho años sin tener quien los aceptara. Una vez que un menor se daba en esta lista de riesgo, se le prohibían las excursiones, se requería una observación constante y se colocaba solamente en salones dentro del edificio. Lo jóvenes odiaban estar bajo sospecha porque era aburrido y ya no podían acompañar a sus amigos en las excursiones al zoológico y museos, centros comerciales, películas, y competencias con otros albergues. A veces se les ponía en la lista sin mérito, y esa injusticia era difícil aguantar. Pero en general, el miedo a ser incluido mantenía a todos en su mejor comportamiento.

Pero la barrera a el escape más poderosa era el conocimiento que las consecuencias serían un desastre. No estaban en México, donde se encontraban trabajitos por una comida, paseos en enganche, y lugares para refugiarse. Aquí se iban a perder en una ciudad extranjera, sin dinero ni teléfono, sin comida ni un lugar para dormir. Se les buscaría y no se podían observar durmiendo en la vía pública. Ninguno tenía familia cerca del albergue, por lo que nadie vendría por ellos. Y al ser atrapados por agentes fronterizos o la policía civil, el resultado sería deportación inmediata. Los niños preferían quedarse en el albergue, orar y esperar.

Terminé el día hablando con Edvin Xiloj, un alegre y pequeño adolescente de dieciséis años con un optimismo infinito. Le costaba hablar español y sus frases se atenían a las declaraciones prácticas comunes a los niños del campo. Su sonrisa agradable era continua.

Discutimos la gran emoción de la tarde y lo que se estaba diciendo sobre los que se fugaron. Edvin dijo que Brayan había sido difícil de atrapar en el fútbol, y por eso que se lo asignaban.

"Debes ser muy rápido, Edvin. Ese Brayan estaba en condición superior".

"Soy el más rápido de mi departamento en Guatemala".

"¿Eres un Corredor?"

"No. Siempre trabajando en la milpa con mis hermanos. Pero un día oí hablar de una carrera".

"¿De qué tipo?"

"La carrera alrededor de toda la ciudad. Hay un premio para el más rápido y todos quieren ganar".

"¿Pero alguna vez antes estuviste en carreras?"

"No. Sólo en la escuela. Pero me enteré y supe que podía ganar. Le dije a mi papá que tenía que correr y le pedí el dinero de la entrada. Él dijo, *no eres un corredor*, y yo dije, ¡pero puedo ganar!"

Otros niños me habían hablado de estas carreras municipales. Eran importantes en Guatemala.

"Al día siguiente, fui a la ciudad y pagué treinta quetzales. Los corredores de todos los pueblos comenzaron juntos, pero solo vi a un niño conmigo al final, y corrí más rápido. Llegué a casa y le dije a mi padre que había ganado el primer premio".

"Me imagino que quedo sorprendido. ¿Qué te dijo?"

"Dijo que era bueno yo que gane el premio".

Desde su primer día, Edvin nunca mostró signos de ansiedad. Nunca preguntó cuándo iba ser liberado, nunca se descontrolo. Puras cosas buenas decía sobre sus días en el albergue y las personas que lo rodeaban.

"Edvin", le dije. "Eres uno de los pocos niños por el cual nunca me preocupo. Nunca te quejas ni lloras, nunca pierdes la esperanza".

"Señor, ¿por qué voy a perder la esperanza? Eso me pondría triste. Yo no vine a este mundo a sufrir".

Ocho

Sobre el tema de niños en jaulas.

El viaje a estados unidos se puede hacer en cinco días por autobús directo de Guatemala. Pero para la mayoría de los menores, el viaje tomaba semanas y meses. Los migrantes jóvenes pasaban el camino trabajando en granjas y limpiando casas para comer y continuar. Si se informaban que la inmigración mexicana estaba sondeando el área, se quedaban semanas sin avanzar. Pero no importaba si el viaje fue cómodo y rápido, o agotado con meses de carretera. A el llegar a la frontera, todos enfrentaron las mismas tres opciones.

Muchos tenían por su destino una gran ciudad fronteriza con el plan de presentarse en un puerto de entrada a estados unidos. Se iban a unir a la fila y una vez frente al agente de aduanas, pedir un asilo. Otros venían con idea diferente. Ellos iban a evitar las cuidades y en lugar buscar por el desierto un lugar aislado, y allí subir sobre el cerco fronterizo. En áreas con murallas altas y modernas, los guías proporcionaban escaleras y cuerdas. Era común acabar con lesiones por las caídas. Una vez en el lado estadounidense, los migrantes adolescentes buscaban la carretera más cercana y allí esperaban pasar los agentes de inmigración. Luego también pedirían el asilo.

Había una tercera opción. Muy pocos la tomaban. Estos jóvenes escalaban la muralla fronteriza con la intención de seguir por el desierto sin ser detectados. Los guías, o coyotes, rara vez los acompañaban. El desierto era peligroso, y la Patrulla Fronteriza tenía cámaras, sensores de movimiento, aviones, patrullas a caballo y vehículos todo terreno. Iban a ser atrapados, y para un coyote eso significaba tiempo en la cárcel. Los guías no se arriesgaban.

En lugar de acompañar, se les daba a las jóvenes instrucciones de guiarse a lo largo de una montaña y buscar puntos de referencia. Se les advertía cargar toda el agua posible. El destino solía ser una casita, un rancho o un camino rural donde alguien debía estar esperando. Los menores errantes generalmente los capturaban dentro de veinticuatro horas. Aquellos que lograron caminar más lejos nos contaban historias horribles de dejar a morir compañeros, encontrar cadáveres humanos, alucinar y ser heridos por serpientes y cactus. Las Patrullas con frecuencia los detenían porque los migrantes marcaban aviones desde un espacio abierto, con la esperanza de que los agentes americanos los encontraran antes que la muerte. El desierto de la frontera era intransitable, excepto por gran suerte o gasto.

Al fin no importaba como se detuvo a un menor; si fue pidiendo asilo en la frontera, esperando al borde de una carretera o detenido por el desierto. Lo que sucedía después era uniforme para todos. Los agentes fronterizos transportaban sus cargos a centros de detención cercanos, pequeñas cárceles que salpican la inmensa frontera. Los niños migrantes allí pasarían dos o tres días en condiciones incómodas pero soportables. Los migrantes les decían *hieleras* a estas cárceles debido a los pisos de concreto y las celdas sin calefacción. Las colchonetas eran delgadas y la comida envasada. Por regla general llenas a capacidad de migrantes, y los guardias a veces rudos. Siempre presionaban a los migrantes solicitar la repatriación voluntaria. Para los jóvenes era feo e incómodo, pero habían soportado cosas peores, y se resolvía en pocos días. Tenían más que temer de la policía de sus propios países.

Después del procesamiento necesario, los menores se transportaban por camionetas y se entregaban a un albergue, siempre entre medianoche y el amanecer.

Los albergues por décadas de experiencia conocían las temporadas: los niños venían después de las cosechas, cuando el clima lo permitía o cuando terminaba el año escolar. Los albergues eran elásticos. Podrían acomodar a cien o quinientos clientes. Las administraciones federales anteriores siempre habían presionado que el sistema fuera eficiente y seguro. La idea siempre que los niños pasaran el menor tiempo posible en las cárceles áridas de la frontera. Querían que los menores fueran trasladados rápidamente a albergues juveniles seguros y altamente regulados. En parte, esto se debió al caso judicial de Flores, pero tambien que los estadounidenses tienen una antipatía hacia la injusticia y la crueldad, y siempre en respecto a los niños.

Durante mi segundo año en el albergue, Washington decidió una nueva táctica para impedir el flujo migrante de menores. El gobierno federal no podía cambiar fácilmente las leyes de asilo, pero podían inyectar una buena dosis de dolor y miedo en el proceso.

El gobierno federal sabía que los familiares que esperaban para patrocinar eran comúnmente trabajadores indocumentados y de bajos recursos. Rara vez tenían los medios para alquilar una casa o apartamento por sí mismos, y la mayoría vivía en una familia grande o con compañeros de cuarto no relacionados. Bajo las reglas anteriores, solo el patrocinador tenía que tomar sus huellas dactilares y someterse a una completa verificación de antecedentes. Los compañeros de casa o la familia solo tenían que proporcionar una identificación del país de origen. Eso era suficiente para una verificación básica de antecedentes penales.

Para un patrocinado indocumentado, permitir a la policía tomar las huellas dactilares era aterrador y arriesgado, pero rara vez decían que no. Podíamos asegurarles sinceramente que el cheque no era para inmigración ni se compartiera la información. Se usaría solamente para verificar si había delitos y nada más. Del mismo modo, los compañeros de casa generalmente estaban dispuestos a proporcionar una copia de su identificación que el patrocinador nos iba a enviar por fax.

A la peor, un patrocinador se podía cambiar de habitación o de compañeros. Si salía una duda que el hogar no era sano, los albergues tenían trabajadores sociales disponibles para visitar el hogar, inspeccionarlo y hablar con todos los que vivían allí. El proceso había estado en vigor durante décadas, y funcionó para liberar a los niños de manera eficiente y segura.

Por eso nos dio un pánico al recibir las nuevas regulaciones de Washington.

Informaron a todos los albergues que de aquí en adelante, TODOS los que compartían la casa de el patrocinador tenían que ir directamente con la policía y pasar el mismo proceso que el patrocinador. El gobierno entendía que mientras un patrocinador siendo pariente se arriesgaría a tomar las huellas dactilares y ser investigado a fondo, los otros adultos en la casa iban a resistir. El joven se quedaría en el albergue con negarse un solo adulto del hogar.

La táctica del gobierno funcionó demasiado bien. En lugar de que el proceso llevara treinta días, los niños ahora quedaban varados durante meses, sin tener idea cuando serían entregados a la familia.

Con nuestro albergue a plena capacidad porque los menores llegaban cada noche, pero pocos se liberaban, tuvimos que convertir cada espacio disponible en un dormitorio o salón de estudio. Renunciamos el espacio y el tiempo para las artes, la música, las excursiones, el ejercicio y la recreación. Mantener a cientos de adolescentes cada vez más desesperados y aburridos en calma se hacía cada dia más difícil y peligroso. El cambio de reglas tenía varias metas: frustrar a los menores que buscaban asilo, aterrorizar a sus familias y patrocinadores, y por la misma castigar a la red de albergues y organizaciones que apoyaban a estos jóvenes. Fue un mensaje claro de que los menores que buscaban asilo pasarían largas e inciertas esperas en condiciones difíciles.

La campaña del gobierno creó una segunda pesadilla en la frontera. Con todos los albergues llenos, la Patrulla Fronteriza no tenía a dónde enviar a los menores que iban recogiendo. Sus propios centros de detención eran pequeños, rudos y destinados a una rápida rotación.

Y así es como nos encontramos con los niños en jaulas.

Los funcionarios de inmigración se vieron obligados a responder a la crisis con improvisar nuevos albergues construidos en almacenes y en bases militares. La Patrulla Fronteriza no tuvo más remedio que mantener a los niños en condiciones de detención deficiente mucho más tiempo del que era sano.

Y todo esto fue antes de que el gobierno tuviera la idea cruel de separar a los niños pequeños de sus padres.

Nueve

Andrea Tzep llegó a nuestro albergue viajando con dos hermanos pequeños. Cultivaba papas en la costa de Guatemala, trabajando en una pequeña parcela que heredó su padre, y cosechaba maíz en la granja de su mamá en Chixmaya. Crecían lo suficiente para comer, aunque no para vender, y esto no dejaba dinero para asistir a la escuela, que era gratis, pero los libros, lápices y exámenes costaban dinero. Para agregar ingresos, Andrea se aventuró a cruzar la frontera mexicana hasta Tapachula, donde las adolescentes guatemaltecas eran apreciadas como sirvientas baratas.

Llegó a una plaza donde los hogares más ricos buscaban niñas guatemaltecas y aceptó una oferta de empleo. Seis meses después, regresó a Chixmaya con suficiente dinero para pagar los útiles escolares de sus hermanos, y mejoró las colchonetas de la familia a camas pequeñas.

Después de la cosecha, regresó a Tapachula y esta vez contrató a otro hogar. Le dieron una habitación, le dijeron que comería con la familia, que tendría los domingos por la tarde libres y un salario justo y fijo. La primera semana, le pagaron y la trataron según lo prometido.

Sus empleadores tenían un negocio de exportación a California y viajaban con frecuencia. Cuando se fueron, ella cuidó a una niña infantil y a un niño de siete años. La pareja parecía acomodada, por lo que confió cuando dijeron que estaban esperando que los cheques se liquidaran. Ella no protestó cuando perdió su día libre para cuidar a los niños.

Luego se le prohibió usar su teléfono celular o hablar con los vecinos. Cuando se quejó, Andrea fue informada de que si intentaba correr, no llegaría lejos. Le dieron una paliza como prepago por esa amenaza.

Andrea me explicó que durante tres meses continuó sirviendo a la casa, tramando planes para escapar, pero sintiendo que de alguna manera, ella fue estúpida y se trajo esta pena sobre sí misma.

Hizo una pausa en lo que me contaba para calmar un temblor en su voz.

"Soy muy fuerte, Don Arturo, pero no peleé. No sé por qué tenía tanto miedo".

No fue hasta que un pariente que trabajaba en Tapachula hizo múltiples visitas a la policía federal que la esperanza regresó. El empleador de Andrea era muy conocido en Tapachula y la policía hizo una visita.

La pareja negó tener una sirvienta o saber algo sobre Andrea, pero tan pronto como la policía se fue, llamaron a Andrea a la puerta principal. La ama de casa metió un puñado de pesos en la mano de Andrea y la empujó a la calle, gritando: "¡No puedes decir que no te pagaron!"

El dinero era solo una parte de lo que se le debía, pero era suficiente para llegar a casa, empacar a sus hermanos, empacar algo de comida, cruzar de regreso a México y pagar tres boletos de autobús a la frontera con Estados Unidos.

En la primera etapa de su viaje, los funcionarios de inmigración mexicanos detuvieron el autobús para verificar si había migrantes centroamericanos. Una señora mexicana que viajaba con su propia hija le dijo a Andrea: "Todos ustedes se sientan conmigo y pongan a los pequeños debajo de mi rebozo. Diré que son mis hijos".

Con esa ayuda llegaron a Puebla, pero después de ese incidente, Andrea no confiaba en los autobuses de larga distancia. Ella y sus hermanos tardaron semanas saltando de pueblo en pueblo en autobuses locales y camionetas. En cada lugar buscaba trabajo agrícola y tareas domésticas para obtener alimentos y hospedaje.

Felicité a Andrea por su tenacidad y resistencia física, y ella respondió que pasó toda su niñez trabajando en el campo y escalando montañas.

"Nuestra familia es el último clan católico en el pueblo. Vivimos más cerca de Chixmaya, pero la iglesia está cerca de Senahu. Mi mamá nos despierta a las cuatro de la mañana, y caminamos cinco horas. Treinta de nosotros, todos mis primos, tías y tíos, todos los domingos. Nos quedamos en la ciudad y compramos dulces y luego caminamos de regreso antes de que oscurezca. El sendero es a través del bosque y hay serpientes y ladrones, pero estamos a salvo en un grupo grande".

Dijo que le gustaba ser anticuada y tradicional, aunque la mayoría de las chicas ya no lo eran, y le gustaba usar el tradicional *huipil* maya y el corte de su región. También sabía cómo usar un telar y tejer su propia ropa. En las sesiones de consejería, buscamos en Internet qué precio obtendrían los vestidos indígenas si los vendiera en los Estados Unidos, y planté la idea de que ella podría tener un negocio con esta habilidad.

El primer patrocinador de Andrea la metió en problemas. Cuando un primo hermano no pudo encontrar fotos para demostrar que se conocían en Guatemala, un amigo inteligente usó Photoshop para colocar a Andrea en una foto con el primo patrocinador. A primera vista, se veía bien, al menos para mí. Nuestro gerente de tecnología inmediatamente vio la falsificación, y su primo fue retirado de la consideración. Pero a la larga esto fue una bendición. En los meses que siguieron, una tía de confianza que antes no podía patrocinar anunció que pronto sería elegible. Durante la espera, Andrea trabajó duro para obtener un nivel práctico de inglés. Durante nuestras sesiones se la pasaba leyendo el sitio web de Etsy, practicando su inglés y aprendiendo como vender por internet.

Para nosotros en el albergue, Andrea misma era una bendición: una niña con manera de calmar a los niños pequeños que llegaron una noche sin aviso.

Diez

Arnulfo Elías se convirtió en uno de mis hijos favoritos. Era divertido, eternamente paciente y estaba perfectamente dispuesto a esperar su tiempo hasta que algo funcionara para él. Era nuestro mejor jugador de fútbol, manteniéndonos de campeones en la liga de albergues. Era guapo pero cuidadoso de no enredarse en chismes, y me recordaba de vez en cuando que había riesgo de escape, y que no debía preocuparme por él.

A los catorce años Arnulfo ya conducía un camión comercial. El dueño cambiaba de asiento y permitía que Arnulfo tomara un turno mientras dormía. El adolescente tenía experiencia como agricultor y albañil, y con su padre compartía en la venta de verduras desde un carrito de bicicleta. Todo iba bien hasta que las pandillas de Honduras comenzaron a pedir un pago. Dado que cada barrio y pueblo tenía su propia pandilla, esto se volvió imposible. Arnulfo finalmente se negó, y se metió en una pelea donde fue apuñalado. Sobrevivió, pero su padre le dijo que era urgente que abandonara el país.

Le mostré la casa de una prima en Virginia que después de un año se había ofrecido como patrocinadora. Arnulfo me pidió que navegara en el sitio de Google Earth a Honduras. Me quería mostrar la casita de lodo en que la misma prima se crió. "La casita más humilde de Honduras", me dijo y se maravilló de su casa moderna en Virginia, con tres habitaciones en una calle de casas bien cuidadas.

Arnulfo garantizó su futuro en estados unidos a través de un acto valiente. Sin dinero y siempre ingenioso, se escondió en el tren *la Bestia*, lo mismo como miles de migrantes que así cruzan la longitud de México.

Era un viaje peligroso, y en el camino, una niña se durmió sentada junto a él. Estaban colocados en un espacio chico, afuera y entre dos vagones. Al dormirse, la niña perdió el control y se resbaló debajo del tren. Los compañeros de habitación en el albergue se quejaban de que este recuerdo le traía una pesadilla frecuente y Arnulfo despertaba pegando gritos.

Y estaba viajando en la Bestia cuando uno de los muchos criminales que acechaban el tren entró en su vagón. Un hombre alto, con cicatrices y bien armado. El ladrón apuntó con su arma a los migrantes agrupados en el compartimiento y le dijo al compañero de Arnulfo que diera un paso adelante. El ladrón exigió todo lo que tenía en su persona, y cuando el adolescente vaciló, el criminal disparó su arma. Con el muchacho todavía no muerto, el asesino hizo que Arnulfo subiera el cuerpo a el techo del tren para lanzarlo.

Cuando el tren se detuvo en la siguiente ciudad, Arnulfo se bajó y pidió a la gente que pasaba si había dónde quedarse. Le dijeron que existía una *casa de inmigrantes* donde encontraría ayuda. Al llegar allí, lo alimentaron, se pudo bañar, y le ofrecieron un petate en el suelo con otros jóvenes que viajaban hacia el norte. La misma noche, Arnulfo vio pasar al hombre quien mató a su amigo. La figura alta caminaba entre migrantes dormidos, buscando a quien podía robar.

A la mañana siguiente, Arnulfo habló con la directora y ella llamó a la policía para denunciar el asesino. La policía encontró al ladrón, pero se le pidió a Arnulfo que lo identificara en persona. Colocaron al asesino esposado a unos metros frente a Arnulfo y le pidieron que firmara su declaración de testigo. Después, todos elogiaron su valor y la policía recuperó el cuerpo de su amigo. Se le entregó una copia de su declaración como testigo, y este documento al fin fue lo que le ganó un asilo permanente en los estados unidos.

Pero en aquel momento de ser testigo, el muchacho sintió un trauma. Arnulfo desapareció del albergue mexicano y para seguir a el norte, improvisó la ruta más tortuosa. Se quedó lejos de la costa y de las grandes ciudades, imaginando que de alguna manera, gente mala lo estaban siguiendo.

Una vez en la frontera, saltó la muralla y caminó tres días por el desierto. Se encontró con un grupo de migrantes por el camino y los acompaño hasta que la patrulla fronteriza los vio, y el ATV los empezó a perseguir. El grupito se separó corriendo y cada uno intentó su propio escape. En la frenética carrera, Arnulfo cayó sobre un arbusto de cholla que dejó agujas incrustadas a lo largo de su espalda.

Pronto se desorientó, y con cada movimiento se le metían más a dentro las espinas de Cholla. Arnulfo dijo que empezó a alucinar, y al bajar el sol, decidió que por la sed lo mejor sería sentarse y morir ya. Pero en eso vio lo que parecía un charco de agua no muy lejos. Arrimándose vio que el agua era de un color amarillo, y en el charco una vaca hinchada y flotante. Bebió sin saber si el agua de ese charquito seria su salvación o su muerte.

Como todos los que cruzan el desierto, Arnulfo entendía que tenía que viajar al bajar el sol, y se puso de nuevo a buscar una salida. Pero a través de la noche, se encontró con una mujer embarazada debajo de un árbol. Ella se había rendido, pero todavia con vida. El muchacho decidió que no la podía dejar a morir sin cometer un pecado mortal. Se guió a una carretera y esperó ayuda.

El desierto de la frontera pertenece a una comunidad indígena, y un indio de la reservación Tohono O'odham recogió a los dos migrantes al pasar. Los llevó a la clínica indígena donde los doctores internaron a la mujer y para Arnulfo le sacaron las agujas enteradas. El joven se quedó a dormir en la granja de su salvador. El agricultor indio le aconsejó que esperara a la Patrulla Fronteriza, pero Arnulfo no confiaba en esa opción. Pensó que era mejor caminar otro día por el desierto y encontrar una ciudad, y de allí buscar oportunidades.

Con la granja todavía cerca, un helicóptero vio al muchacho caminando solo y avisó a las patrullas terrestres. Pronto lo estaba persiguiendo un agente a caballo. Con una patada al pasar, el agente mando al muchacho a el suelo, donde el chico le dio un beso a la tierra dura del desierto.

Arnulfo me contaba que fue algo muy indigno ser amarrado de pies y mano como un becerro, pero admitió haberles dado a los agentes pocas opciones. A unos días después de la patada, llegó con nosotros, a donde pasaría el próximo año de su vida.

Once

Igual como muchos padres que a fuerzas participaron en la larga guerra civil guatemalteca, el padre de Iran Cac-Xe regresó herido, traumatizado y abusivo a su familia. Al completar el tercer grado, su papá le dijo a Irán que ya dejara la escuela porque lo veía demasiado tonto. Aunque pequeño, Irán se negó abandonar sus estudios. Se propuso a conseguir empleos para pagar sus estudios. Cuando no estaba en la escuela, trabajaba en las cosechas y vendiendo tacos en la calle. Pagaba sus libros escolares y la matrícula, y los quetzales que sobraban a su madre. Tenía solamente nueve años.

Su padre exigía disciplina de estilo militar y le tenía listas de tareas que comenzaban antes del amanecer. Había siempre palizas si Irán no las entregaba a su satisfacción. Los vecinos preocupados llamaron varias veces a la policía, y por fin el papá fue encarcelado por violencia doméstica. Pero la policía y los jueces se podían comprar, y a pocos días el papá regresó a casa.

Fue después de la última pelea con su padre que todo cambió. En ese intercambio Irán le pego un golpe a su papá que lo envió al suelo inconsciente. El muchacho de inmediato juntó unas cosas, se despidió de su mamá, y comenzó a caminar con destino hacia el norte.

Fuerte y disciplinado, acostumbrado al trabajo y al estudio, se aferró a la idea de salvar a sus hermanitas, dos pequeñas que él trataba y sentía como hijas. En el albergue siempre lloraba en llamadas a casa y juraba a sus hermanas que siempre las iba a cuidar.

Sin posibilidad de encontrar un patrocinador, los abogados aceptaron su caso al escuchar la historia de abuso. Irán pidió una llamada telefónica para hablar con sus padres sobre ese tema. Temblando de cuerpo y voz, le dijo a su papá que lo había acusado formalmente de abuso en los Estados Unidos. Le pidió a su padre que hiciera lo correcto y no negara lo que había hecho, ya que esto sería su única posibilidad de asilo y evitar deportación. En ese momento yo vi a un torito llorar mientras decía que amaba a su padre y que con el tiempo lo perdonaría, pero lo vivido no se podía negar.

En la fecha del juicio, Irán se sentó en una sala con un juez de menores, sus abogados y los abogados que representan a los padres. En el altavoz el papá y la mamá de Irán escuchaban desde Guatemala los cargos de abuso, y se le pidió a su padre que ofreciera una súplica. Permaneció en silencio, pero quedó presente en el teléfono, sin aceptar ni negar la acusación. Eso fue suficiente evidencia para el juez.

Irán pasaría otros seis meses en el albergue, esperando el proceso legal y su adopción formal a través de los tribunales de menores.

Y eso fue bueno para un niño de seis años dejado en nuestra puerta junto a la camioneta de inmigración. Nosotros nunca aceptábamos niños menores de diez años. No teníamos baños, clases, comida, juguetes o ropa, pero ICE dijo que no había otra opción.

Durante el día, el niño desorientado asistía en clases con los adolescentes mayores. Al ver ese niño aturdido, Irán se sentó con él, y de allí en adelante siempre a su lado. Irán le mostraba cómo escribir y colorear, y jugaba con él durante la recreación.

"Siento a mis hermanitas con este niño. Me desespera no poder estar con ellas".

El administrador de casos intentó encontrar a los padres del muchachito, pero a diferencia de esas raras ocasiones en que ICE separaba a un pequeño de un padre, esta vez los funcionarios de inmigración no podían ofrecer información. El niño nos decía el nombre de su ciudad y los nombres de sus hermanos, pero hasta allí llegaba. Nos daba ansias y pena ver a diario este inocente perdido.

Tres semanas después de que nos llegó el primer pequeño, ICE nos entregó una camioneta llena de niños asustados, el mayor de ocho años. El más joven un niño de tres años que viviría los próximos 14 meses en nuestro albergue, sin saber nada de sus padres.

En una rápida reconfiguración, establecimos clases, inventamos actividades, solicitamos juguetes y nos entrenaron a nuevos procesos. Los cocineros aprendieron hacer platos especiales a cada comida. A la hora de las vacunas, los llantos agudos de la enfermería penetraban a los pasillos y salones. Lo más difícil aguantar era el no poder consolar a un niño de cinco años con un abrazo.

En la nueva primaria y preescolar, los niños de diez años se convirtieron en los "tutores mayores." A diario había berrinches, algunos niños pateaban y mordían, y el llorar era constante. Ninguno podía entender dónde estaba o qué estaba pasando. Sin contactos familiares, no había el consuelo de llamadas o chats de video.

Por supuesto, los agentes de ICE tenían que seguir las ordenes de su gobierno, y ese gobierno estaba experimentando con aterrorizar las familias con perder a sus hijos si cruzaban la frontera. Cuando solicitábamos información o ayuda, a veces los agentes de ICE se prestaban, y a veces no. Dependía mucho del día, de la persona que preguntaba y de la persona que respondía. Dependía demasiado de una política de crueldad nunca vista.

Doce

Las reglas de seguridad nacional requieren que los trabajadores en los albergues no tengan ningún contacto con los clientes liberados durante al menos un año, incluso no comunicar con los padres o por las redes sociales. Al hacerlo perdemos el derecho a seguir trabajando con los migrantes.

Han pasado cuatro años desde dejar mi trabajo de consejero y muchos de los niños me han encontrado. Uno es gerente de un Burger King. Muchos trabajan en granjas o en la construcción, y bastantes ayudan en un negocio familiar de jardinería. Hay uno jugando beisbol en la liga menor y otro que entrena caballos. Me encantan los videos que suben a las redes bailando en las aldeas de Luisiana en vestidos tradicionales maya.

Los jóvenes estan en sus vidas, trabajando duro y enviando dinero a sus padres. La iglesia y el fútbol son universal. Algunos están casados. Los niños que tenían padres en los Estados Unidos se han asimilado a familias reconstituidas, con todo lo que eso implicará.

Una niña sorda y muda ha aprendido a comunicar a señas y está en Instagram.

Como todos los inmigrantes pobres, ellos tambien están encontrando su camino, aunque con temor y pisando con cuidado.

Una pandemia cambió el mundo desde la última vez que vi a los niños en este libro. Una ola de inmigrantes resolvió nuestra escasez de trabajadores post-covid, y las familias de otros países se salvaron gracias a la fortaleza de nuestra economía: millones de padres en Venezuela, Guatemala y Haití evitaron la hambruna con el dinero enviado a casa por sus hijos lejanos.

Ahora, estamos en el período más antiinmigrante en un siglo, con el gobierno prometiendo no solo expulsar a todos los inmigrantes ilegales, sino también perseguir a los inmigrantes legales.

Es 2025 y vuelvo a trabajar con familias migrantes.

Una niña de siete años sabe que su madre vive a minutos del centro de detención, pero no pueden reunirse porque la madre es niñera, trabaja por dinero en efectivo y no puede proporcionar un talón de pago oficial. Un niño de once años no ha visto a sus padres en 6 años, pero no puede reunirse con ellos porque la nueva regla requiere una identificación estatal. Imposible para un padre indocumentado en la mayoría de los estados. Las nuevas reglas se crean con un propósito: aumentar desesperación y forzar una elección: auto deportarse con sus hijos o arriesgarse a perderlos.

Una familia afgana de mi calle entró legalmente, como parte del éxodo que Estados Unidos recibió con beneplácito cuando terminó la guerra. Ahora se preguntan si deberían huir a México, para que sus hijas no sean deportadas a un país talibán que prohíbe toda educación y trabajo femenino.

La promesa de una deportación masiva requiere sembrar el miedo y la frustración. Requiere prescindir de la bondad, de la ley y de la conciencia.

La entrada ilegal al país se ha reducido casi a cero. El desempleo es bajo. Nuestra nación puede darse el lujo de deportar de manera selectiva, humana y con el tiempo. Por decencia, puede hacer posible que los niños se reúnan con sus padres. No tiene por qué devolver a las personas a los peligros extremos de Afganistán, Sudán o Haití, o peor aún, a prisiones extranjeras sin juicio ni salida.

Los niños más pequeños del refugio vinieron a buscar a sus padres. Los niños mayores dejaron atrás a sus padres para salvarlos. Todos los adolescentes expresaban el mismo sueño: si podían enviar cincuenta dólares a la semana a mamá, entonces sus hermanos podrían terminar la escuela y comer sin falta. Sus padres podrían ahorrar para un poco de tierra de cultivo, electricidad o tratamiento médico.

Del quinto piso en mi albergue, los niños observaban de mi ventana a su América de tanta ilusión. Al otro lado de la muralla percibían algo para ellos mágico, un mundo en que todo de seguro sería posible. Yo sentía en esas miradas hambrientas la energía que le ha dado todo a este país.

Después de mucho esfuerzo, sufrimiento y suerte, al fin se iban los niños del albergue, y cada vez sentía un toquecito de lo que sus padres tuvieron que sentir al verlos alejando, el camino riesgoso, y sin poder protegerlos. De mi parte, a voz bajita, tambien les daba una bendición.

"Que Dios me los cuidé, y que los guie siempre a lo bueno".

Este libro está
disponible en inglés
bajo el título:

**Shelter:
notes from a detained
migrant children's
facility**

Otros libros por el autor

The Good Lessons:

A Teaching Life with Gangs,
Delinquents & Troubled Teens

Maestro de Delincuentes:

Enseñanzas de una vida educando
pandilleros y delincuentes

The Music of Jimmy Ojotriste

"Una bella novela que recuerda a Allende y Márquez"
Goodreads Review

La portada de este libro es una obra de

Esmeralda Piza

Visite Lunitabooks.com para obtener más información sobre el artista.

Arturo Hernandez-Sametier
2006 National Teacher of the Year
American Association of Hispanics in
Higher Education

Please visit Lunitabooks.com for more
information

www.ingramcontent.com/pod-product-compliance
Lightning Source LLC
Chambersburg PA
CBHW020552030426
42337CB00013B/1067